AF498528

9 787885 051426

بأمر الحزن

بأمر الحزن	:	كتاب
تقى طلعت	:	اسم المؤلف
ديوان شعر	:	نوع العمل
82 صفحة	:	عدد الصفحات
ريم حسين	:	غلاف
أ/منى ذكي موسى	:	تدقيق لغوي
مريم محمد سيد	:	إخراج فني
2023/25950	:	رقم إيداع
9787885051426	:	ترقيم دولي I.S.B.N

نبض القمة للترجمة

جمهورية مصر العربية ـ القاهرة

مدير الدار: أ/ وليد عاطف حسني

موبايل: 01116058384

الميل: nabdalqima@gmail.com

بأمر الحزن

تقى طلعت

ديوان شعر

إهداء

للماضي اللي اختار يقتلنا

بحاجات على طول بتقوينا

وسلبنا حاجات ساكنة قلوبنا

وحاجات كات دايمًا تحيينا

إهداء آخر

لحبيبي وصديقي وكل حياتي "صلاح"
ولأختي وسندي وكل ما ليا "جهاد"
ولأوفى صديقة ليا "عزة"
ولابني اللي أقرب ليا من نفسي "مروان"

المفتتح

إنسان بيسند عالوجع بإيده
عكاز وأصبح حتتين عالأرض
عايش لوحده وكل حِمله عليه
كان فرحه سُنة وحزنه أصبح فرض
أربع حيطان وسط الظلام كانوا مأوى ليه
عاش عمر يسكت أصله ضد السرد
كل البشر لو حسوا يوم حبة دفا
كان قلبه بس بيرتجف م البرد

لسه عايش

لسه عايش
لسه بنطق كل كلمة بحس بيها
لسه عايش وحدي بردو
والهموم حضنت في قلبي بين إيديها

الحياة سابت إيديا
والحيطان مالت عليا
لسه عايش؟
لا يا واد طب خد شوية

م الزعل ومن المقاسي
لسه قلب الدنيا قاسي
لو هينسوا الكل حبي
عمر قلبي ما يبقى ناسي

شوفتك انتي في حزني ناسي
كتفك الطاهر حماني
عمري ما اتخيلت لحظة

إن أنا وجودك عماني

فاكرة كاس المُر ياما
اكتشفت بأنه كاسي
شوفت كل الدنيا ظالمة
شوفت نور الحب ضالمة

شوفتك انتي في كل جملة
قاسية ساكنة في وسط راسي
شوفت نار الحب والعة
والفراق هادم أساسي

شوفتني عيل حزين
السنين بتعدي لكن
شوفتها نفس السنين
لسه لون العمر داكن

والفراق سايب حنين
لسه حالي نفس حالي
لسه عيل مستقيم

قلبي كان م الحب خالي

والحياة هدمت آمالي
ضيعتني بكل مالي
كنتي مالك طب ومالي
عيشت فترة يا دنيا فيكي

عيشتها دايمًا في حالي
كنت ضايع بين سنيني
لو يزيد الحزن فيا
كان كمان بيزيد حنيني

لسه عايش وحدي برضه
في انتظار فرحك يجيني

أمي

أنا أمي أجمل ست في الدنيا

ضحت سنين من عمرها علشان

ما تسيبش حزن في عيني لو ثانية

أنا أمي ست ومش بِمِيت راجل

أنا أمي ست تعادل الدنيا

شالت سنين من عمرها علشان

توهبني عمر زيادة من عمرها

أمي اللي حلّت كل أيامي

علشان ما ادوقش شوية من مُرها

سهرت في تعبي وحزني وآلامي

تدّيني دايماً جزء من حبها

أنا أمي ست الكل والله

حبيتني فعلا حب من قلبها

أنا كل ما أزعل حبّه م العالم

ألقاني بجري بسرعة على حضنها

لو حطوا كل الخلق دي ف كفّة

ف أنا كفّة أمي تطب لو وحدها
أمي اللي لمحت طيفي في الزفة
فلقيتها ضمت حضني بين حضنها
هي اللي كانت كل ما بناكل

تديني لقمة شالتها من بؤها
حافظت علينا من الضرر والأذى
فاكرالها أبسط حاجة عملتها
لو جيت في لحظة وعمري كله اتنسى

بتداري دايمًا حزنها مني
وإن كنت أداري الحزن يوم عنها
ألقاها تعرف كل شيء عني
من عيني قبل ما أفكر أسرد لها

لو قيست حبي لأمي والله
فأكيد هيبقى شوية من حبها

فوبيا

عندي فوبيا من الفراق
والبكى وقت العناق
عندي فوبيا من البشر
لو وجودهم في نفاق

عندي فوبيا من اللي حبوا
حب لكن لا يطاق
عندي صاحب بس ساحب
حاجة مني بالاتفاق

كانلي أقرب من وريدي
إيده دايمًا ماسكة إيدي
كتفه كان ساند عليا
لما يتعب أو يعاني

هو أقرب شخص ليا
عمر قلبه ما كان أناني
كان يشيل الهم مني

لما كنت أضعف وأعاني

كان حنين
قلبه طيب
لما بطلب منه حاجة
كان يقول حاضر وطيب

لو يلاقي جروح في قلبي
وقتها بلاقيه قريب
عندي أهل في وقت ضعفي
يبقوا طول الوقت جمبي

عندي أب عظيم ولين
عندي أم جميلة جدا
قلبها دايمًا حنين
في مواقف قادرة تخدع

وفي كمان موقف يبين
اللي حبك دون مقابل
واللي زعلك عنده هين

في قلوب والله قاسية
وفي اللي قلبه كمان حنين

فارقيني لكن

أنا عشت راضي بالألم والجفى
حبيت في ناس لكن ما حبتنيش
كل اللي قرب مني لحظة اختفى
وأنا كنت مَيت وفي نظركوا بعيش

كل اللي سابني قلبه يومها اكتفى
وحياتي واقفة قصادي ما بتمشيش
عايش بموت في الليلة مِيت مرة
والناس بتاخد مني ما بتديش

سلبوني ضحكة جميلة مش مُرة
سلبوني فرحة قلب كات حُرة
وسابولي ضحكة تملي مكسورة
عايش في لمة كدب قدامكم

وتملي ببقى لوحدي في الصورة
كنتيلي عمر يا عمري والله
سبتيني وسط الدنيا في تلاهي

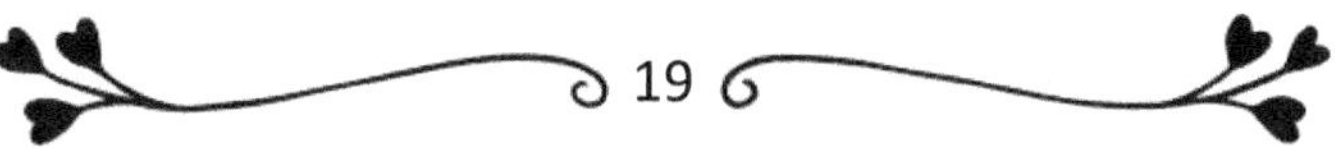

العمر ضاع والقلب كان ساهي

مش لاقي حضن يلم أوجاعه
لمي اللي باقي معاكي لو ماشية
لمي الصور والذكرى والأيام
وسعادة زايفة وفرح كان أوهام

لمي اللي باقي في حضني من حضنك
علشان أعيش وحداني زي زمان
خدي لحظة كات بالنسبة ليا حياة
خدي كل حاجة الحزن والمأساة

وإن كان عليا الحزن مش هنساه
ولا هنسى ذكرى جميلة كات بنا
ولا هنسى حضن تملي طمنا
ولا هنسى أصلا إني حبيتك

لو كنت قادر امنعك يعني
لحظة ما تمشي كنت خبيتك
لو ناوية تنسي الذكرى وتفارقي

فارقيني لكن اوعي تنسيني

لو عيدنا مشهد حبنا ف لحظة
ف أتمنى يعني إنك تحبيني

حلوة الحياة

حلوة الحياة لو نبقى فيها اتنين
وحشة الحياة لو مش هتبقالي
مين اللي قالك بالفراق عايشين
في ناس تشوف الحزن شيء غالي

رافضين تبان الدمعة في عيونهم
أو حتى حد يحس فيهم ضعف
وتلاقي كل الحزن في سجونهم
ولا عمر يوم هتلاقي ليهم وصف

وتشوف تملي الحزن في جفونهم
ويداروا في ورا ضحكة كدابة
ماسكين في إيد الكل والله
وتملي إيدهم تبقى متسابة

مين اللي قال الحب شيء ناقص؟
وإن اللي كان بيحب دلوقتي
عايش وحيد والقلب في يائس

"

الحب أجمل حاجة في الدنيا

بس اختيارنا ساعات بيخدعنا
في ناس تحب وجودها لو ثانية
وفي ناس طبيعي تشوفنا تسمعنا
وفي ناس كمان زي الزمان فانية

وفي ناس بتدعي الصدفة تجمعنا
في ناس نشوفها نحبها على طول
من غير قيود ولا حاجة تمنعنا
هتلاقي ناس من طبعها بتقول

بعض الكلام م السهل يوجعنا
وهتلقى ناس قادرة بفعل بسيط
تجبُر قلوبنا بشيء يدمعنا
هتلاقي ناس من كل طبع وشكل

وفي ناس تملي الحب منهم سهل
حب اللي يعرف يوهبك ضحكة
اختار بقلبك بس قبل العقل

عايش ليهم

بتحاول تنسى في ماضي فظيع
بيلازم دايمًا أحلامك
في ناس تحكيلك عن حالها
فطبيعي تزود أحزانك

وفي ناس لو غابت تسألها
ازيك يعني وأحوالك
بتحاول تبعد وتفارق
وتلاقي همومك تندهلك

بتحب في ناس عايزة تفارق
أصاحبك وجيرانك، أهلك
مش لاقي اللي يقدر طيبتك
ولا لاقي كمان ناس تستاهلك

مش عايز تبقى تملي وحيد
ولا عاوز تفضل مُستهلك
بتفارق قد ما بتفارق

ولا عمر في يوم حد ندهلك

العمر كمان أصبح سارق
كام حاجة سايبهاله بجهلك
عمرك والفرح اللي في وشك
قلبك بيطمن كل الناس

والناس على طول كات بتغشك
قلبك مش صافي وكله هموم
وملامحك بهتت من حزنك
والفرح كمان مابقاش بيدوم

والناس بتلوم دايمًا حضنك
علشان بيساع أوجاع الكل
ومفيش و لا واحد بيضمك

هتعيش للناس والناس عايشين
تؤذيك والله وبتخمك

"عال"

قد إيه الحزن قاسي

بفتكر كام شخص خاني

وابقى عامل نفسي ناسي

قد اي حلو التأنّي

وإنه يفضل عقلي راسي

كنت اطبطب ع الليالي

لسه حالي نفس حالي

العيون دايمًا حزينة

والقلوب مكسورة لكن

بتشوفوها كتير سليمة

لما شخص يحب غيره

هيشوفوها الناس جريمة

لما يفضل خط سيره

مستقيم من غير حواجز

يخلقولك الف حاجز

يكسروك لو كنت صلب

يقتلوك لو كنت عاجز
يضربولك كام مثال
إن فرحك شيء محال
وإنك أنت طبيعي تفضل

وسطهم والله "عال"
هيقولولك كنت ساذج
قول لهم والله عال
هيقولولك كنت طيب

أو عبيط بالنسبة ليهم
قول لهم حاضر وطيب
واوعى مرة تحب فيهم
مين باقيلك لسه منهم

كلهم فارقوك في لحظة
لحظة أنت ما كنت عينهم
كنت خام من غير إضافة

كنت طول الوقت شايف

الحنين والشوق سخافة
كنت طول العمر خايف
لو تحن لحد باعك
كنت تقبل أي حاجة

بس ما بتقبل خداعك
كنت تسكت وبسذاجة
لما تلقى الكل باعك
كنت تبكي على اللي فارق

واللي خان بتقوله فارق
كنت مش فارق معاهم
كان وجودهم بس فارق
كنت آه بتحب جدًا

والمقابل كان جراح
كان فراقك صعب فعلًا
في النهاية الفرح راح

"كأنك"

كأنك كوم ورق في دولاب
ملان تكسير وجزء عتاب
كأنك صفحة جوا كتاب
وليها بداية ونهاية

بتسرد قصة الأحباب
ومين الباقي في المِحنة
ومين في المِحنة بردك غاب
كفايا تبص للماضي

في جزء من الزمن مليان
فأوعى تبص عالفاضي
في عمر بيتسرق ويضيع
وشايفك للأسف راضي

في جزء من الصور مفقود
وجزء من الزعل موجود
وضحكة جميلة مخفية

وروحك لسه مأذية

ومش لاقي لأذاها علاج
وصاحبك لما باعك يوم
وقفت في ضهره لما أحتاج
وناس والله هتفارقك

وترجع لو يجيلها مزاج
وعمرك م الزعل سارقك
كأن العمر بيسابق
هتيجي تبص في مرايا

فتسأل مين بقى معايا
ومين دلوقتي مش موجود
شافوني الكل صلب ازاي
وأنا اللي تملي مش مسنود

ساعات العمر بيخمك
تكون في السن عشريني
فييجي العجز ويضمك

م الماضي

وكأن اللي ما بنا اتغير

ورجعنا نعيط على حالنا

كل العالم دمر فينا

دلوقتي بنسأل أحوالنا

وبنعمل اي

وكأن الضحك بقى مجرد

نكتة وإفيه

ورجعنا يجوز وبنتكلم

وكأن العالم بيعلم

لكن بيعلم في قلوبنا

سألونا الكل عن الضحكة

ردينا: اتغير أسلوبنا

دا؛ لأن الضحكة لو اتكسرت

بيكون الأحسن ما نشوفهاش

في حاجات والله لو اتكسرت

بنشوف غيرها وما نصلحهاش

وحاجات لو غابت يوم عنا
بنلاقي بديل.. ما نرجعهاش
عِد الأيام
عِد الأشخاص اللي دامولك

عِد الأشخاص اللي قالولك
عمر الأيام ما تفرقنا
عِد الأحلام
هتلاقي الناتج أصبح صفر

وشك بهتان
قلبك فاضي
عقلك زعلان
لكن راضي

سألوك لو عندك بس صديق
قولتلهم أصبح م الماضي
مقهور من جوا وبتداري

عرض الأوجاع دايمًا ساري

بتحاول تكتم أحزانك
وعيونك فاضحة اللي كتمته
الحزن اتفصل علشانك
أو جايز فعلا أدمنته

وتملي بتبني في أحلامك
فتلاقي الكل بيهدمها
وتشوف الناس من قدامك
عاملين بيحبوا ودايمين لك

وأهي نفس الناس تيجي في ضهرك
تأذيك والله وبتذلك
هتلاقي أكيد ناس بتفارق
وفي ناس بتحبك وتقولك

في حياتي حاجات ما بتكملش
إلا أما بشوفك قدامي
وحاجات والله ما تتقالش

لكن تتحس في أسلوبنا

في ناس لو غابت يوم عنا
بتكون على طول جوا قلوبنا

جرايم الحب

في ناس حبيتهم من قلبي
واديتهم من عمري ليالي
وساعات وسنين
في ناس حبيتهم والله

بالوقت لقيتهم ناس تانيين
وخسرت حياتي في علاقاتهم
كنت أخد أيام من عمري
علشان احطها جوا حياتهم

أنا شوفت وجودهم هيدوملي
أنا خوفت وجودهم ليكونلي
سكاكين بتقطع إحساسي
لو نسيوا في يوم اللي عملته

فأنا عمري ما كنت في يوم ناسي
لو عاشوا حياتهم يأذوني
فأكيد أنا عمري ما أكون قاسي

أو أدمر يوم من أيامهم

كنت اهدم دايمًا أحلامي
وابنيلهم بس في أحلامهم
كتر خيرهم
كسرولي حاجات من جوايا

مبقتش الشخص اللي أنا كنته
لما ببصلي جوا مرايا
مبقتش الشخص اللي أنا شوفته
قال ليكوا في يوم ابقوا معايا

في جرايم حب ما بتدومشي
في حاجات محتاجة إنها تتقال
ولكن القلب ما بيقولشي

لو شوفت في يوم ناس بتقرب
ف إياك تستناهم وامشي

"تايه"

تايه ما بين الحزن والوحدة
مش لاقي بر طريق مشيته وحيد
مش لاقي ضل صديق ياخدني بعيد
آه لو نعيد الدنيا م الأول

الحزن جالنا وشكله هيطول
تايه ما بين الزحمة في الأيام
ما بقتش عارف أعيش
ولا حتى عارف أنام

مستني إيد تسندني وما تمشيش
الحزن زاد والفرح بقى أوهام
الموت ساعات بيقولي مش هتعيش
ولا تلقى حضن يضم أوجاع

كل اللي قرب بعدها.. باعك
حضن الشوارع بس هيساعك
وهتبقى نايم ع الرصيف تبكي

تشكي لتراب الأرض أحزانك

مين اللي شاركك مُر أيامك
أو حد ضحى في مرة علشانك
أو مين بقيلك مرة لما احتاجت
كل الجروح كان بيداويها الوقت

بس أنت وقتك كان بيدبح فيك
مستني ناس تداويك
أو حتى شيء يشفيك
ويداوي كسر القلب

القلب فيك مش صلب
ولا كان في يوم لين
الحزن كان هين
عن لما قولت اشتقت

لبشر ما بتحبش
كل اللي فارقك يوم
كات ناس ما بتحسش

لو كل يوم بتحن

في ناس ما بتحنش
لو كنت ماشي طريق
فما تنتظرش رجوع
لو يوم عشمت في ضحك

ف الضحك شيء ممنوع
وإن يوم كتمت الوجع
صوت الوجع مسموع

لو كنت ناوي تعيش
فبلاش تعيش موجوع

"صرخة ميت"

تعيش ميت
تموت عايش
من الضغوطات
ومن صراعات

تلازم فيك وما تسيبك
وحزنك فجأه بقى عيبك
مرض نفسي وهيصيبك
في عز الليل

تشوف الويل
وتيجي تميل
وإيدك بس هتشيلك
كابوس الوحدة هيجيلك

وفجأة تكون كئيب ليلك
سواد الكحل في جفونك
تمطر بس بعيونك
وتيجي الضحكة وتخونك

وتبعد فجأة وتسيبك
ومين قبلك على عيبك
ومين استحملك مرة
وكام واحد في يوم قالك

معاك ع الحلوة والمُرة
لكن كل اللي قال جمبك
بقى ذنبك
وكل ذنوبنا ليها حساب

عقابك كان غياب أصحاب
وأهل ولمة الأحباب
كفاية غياب
كفاية عتاب

منيش عايز في يوم اتساب
وليه كنتولي سم في ناب
أنا كنت الحقيقة كتاب
وعايز حد يفهمني

أنا جوكر بضحكوا
لكن جوايا شخص كئيب
ولا كانلي ف مرة حبيب
ولا كان ليا شخص قريب

وكل جروحي رافضة تطيب
علاجي مش عايزله طبيب
ولا العلاجات هتشفيني
أنا محتاج لأهل بجد

وحضن كمان يدفيني
أنا عايز حنان من حد
وشخص تملي يحييني
كئيب وهزاري دايما جد

ومحتاج اللي يأويني
في جرح ف قلبي متخيط
لكن وجعه بيأذيني

مريض الوحدة لو عيط
يبان على سنه تسعيني

صورة على الحيطة

الماضي اللي يدمّر فينا
من غير ما يدوّر على حالنا
في حاجات والله بتحيينا
وبتفرق بس فأحوالنا

في ذكرى جميلة كانت لينا
بتغيب على طول من قدامنا
وبتفضل صورة على الحيطة
أو جوا عقولنا ما بتغيبشي

في ناس على طول كات دايمالنا
واختارت بس إنها تمشي
وإن يوم فكّرت إنها دايمة
والله الدنيا ما بتدومشي

في ناس إن وقعت يوم فيها
تتكسّر بس ما بتقومشي
وفي ناس من كُتر ما بتعيط

تغرق في بُكاها ما بتعومشي

وجروح القلب بتتخيّط
والوقت تملي ينسّينا
وقلوبنا إن ماتت من جوا
فمفيش ولا حاجة هتحيينا

نتباهى قصادكم بالقوة
وقلوبنا تملّي بتوجعنا
إن كنا بنتعب ونعاني
فمفيش ولا حد هيسمعنا

والله العالم دا أناني
جواه على طول ناس تخدعنا
ومسيرنا هنفرح من تاني
ومفيش ولا حاجة هتمنعنا

مش جميل

أنا مش بميّل
أنا جسمي قرّب يُقع
أنا مش جميّل
وفقلبي حبة بُقع

من الحزن لكن صعب أمحيها
أنا ليا ضحكة جميلة بخفيها
من غير إرادة وحتى دون أسباب
بضحك وضحكي تملي مش صادق

بضحك وضحكي من الزعل كداب
العمر جايز يبقى عشريني
وفي لحظة تلقى القلب أصلًا شاب
كل أما أحب همومي تأذيني

والقلب عايش بس متكسر
وأما أجي أبص لنفسي في مرايا
م الحزن ببكي تملي واتحسر

مين اللي قال الحزن مش هيدوم

والله قلبي بحزني متأثر
كل أما أميّل والله برجع أقوم
ولكن طاقتي من الزهق قلّت
كل أما أحس براحة أو فرحة

فبلاقي روحي من الخداع ملّت
مين اللي قال الوقت بيداوي
الوقت لما بيمشي بيموّت
عديت كتير والله من عمري

وبلاقي عقلي في فرحي بيفوّت
كل الليالي الحلوة مش دايمة
كل الليالي القاسية بتموّت

دون إحساس

كل اما أقابل ناس جديدة تضرّني
أنا كنت اي وازاي وصلت لكل دا
أنا كنت مين مبقاش كمان بيهمّني
أنا عشت عمري في وهم مع كل البشر

كارهينّي بس قصادي ناس بتحبّني
كل تما أبني في عمري يوم من غير ألم
فبلاقي حد قصادي ناوي يهدّني
بسمع كلام قادر يهد جبلال

لو قلبي كان قدام قلوبكم "عال"
فارقوني لكن اوعوا تنسوني
والله حزني مكنش يوم عالبال
والحال تملي بيبقى نفس الحال

مجروح وجرحي تملي متعرّي
والله عايش وحدي بين الناس
والعمر أصبح مني متبرّي

الكل فارق بس دون إحساس

وأنا وحدي عايش بتقي ف شرّي
وأخدت منهم خبطتين في الراس
الأولى كانت إني حبيتهم
والتانية وقت ما هما فارقوني

أنا كنت عايش وحدي من غيركم
ولا عمري بطلب يوم تحبّوني
الشر مالي وشوشكوا وقلوبكم
لو جالي يوم والله ونسيتكم
فهيبقى صعب إن انتوا تنسوني

سالب في معادلة

الدنيا دي سالب في معادلة

بتنقّص قيمة اللي عايشها

ولا عمر في مرة تكون عادلة

وتعيش في الدنيا بدون قيمة

عمرها ما تكون يوم دايمالك

زي قعادك جوا السيما

كام مرة في عمري هقولهالك

اوعى تأمن ليها في مرة

تديك الحلو اللي ساكنها

وفي لحظة تكون قلبت مُرة

لو كنت الطيّب يوم فيها

تقلبلك من أخت لضُرة

وإن كان ضهرك دايمًا مكسور

تقلبلك عتمة قلبك نور

وفي لحظة النور يتحول نار

وبتحرق فيك وبرضه قاسي

لو شافت عقلك يوم راسي
هتشتت فيه وصعب تسيبه
لو لمحت قلبك يوم مكشوف
ترميه بسهام حزن تصيبه

لو راح الهم اللي فقلبك
فالدنيا أكيد سهل تجيبه
لو كنت مراهن على فرحة
فهتخسر فجأة وتبقى سراب

لو عندك ركن مريح دافي
تلاقيه يتحول فجأة خراب
في الأرض سيوف بتقطّعنا
مين قال الأرض دي فيها تراب؟

مشهد متصور

مش قادر أرجع للي جرحوني

ولا عارف أقبل خلق حبّوني

خوفًا بأن القصة تتكرر

حببيت بجد وهما كرهوني

والقلب عايش وحده متدمر

احتاجت ليهم بس فارقوني

وكأنه مشهد ليا متصور

اتعاد كتير وأنا عمر ما اتعلمت

والله عمري في مرة ما استسلمت

دايمًا بعدي وباجي على نفسي

كان نفسي أعيش وحداني مع نفسي

أو حتى بينكم وف سلام نفسي

أنا عشت أعاني بقربكم مني

وبعاني برصه ف بعدكم عني

كان نفسي أعيش وحداني والله

مع شخص واحد بس يفهمني

ويداري حزني ويمحي أوجاعي
ويقولي كله تمام وهيعدي
والله حزنك كان ملوش داعي
اضحك وعدي وفكها شوية

والله زعلك مش بيرضيني
وإن يوم زعلت أنا زعلي من زعلك
وتملي حزنك كان بيأذيني
أنا نفسي أعيش مع حد يفهمني

ويحس بيا تملي من عيني
من غير ما أنطق كلمة يعرفني
والحضن منه كفيل يهديني

عايشينها في تلاهي

لسه القلوب مش صافية والله
لسه الحياة عايشينها في تلاهي
عايش بدوّر عاللي ضاع مني
لكن مشيت السكو مش لاقي

لسه الحياة واخدانا على سهوة
زي اللي ناسي النار مع القهوة
أو زي راجل عنده بيت وعيال
لكن تملي تشوفه عالقهوة

شايفين تملي الآية مقلوبة
والفرحة وسط وشوشنا مسلوبة
كل اللي شايفه في سكتك ماشي
على وشه قصة حزينة مكتوبة

راجل عجوز هتقابله في الزحمة
وسعادته دايمًا منه مسحوبة
طالع في عز الشمس بيعافر

على كام جنية بيكفوا قوّت يومه

بينام ويحمد ربنا الرزاق
ويقضّي دايمًا عشوته في نومه
وهتلقى ست عجوزة بتنادي
أخبارك اي يا حبيبي في بعادي

كان عادي ترجع ليا نص الليل
لكن غيابك عني مش عادي
يا ضنايا بغيابك ما شوفتش نوم
والموت تملي عليا بينادي

وهتلقى شاب على الرصيف واقف
بيبيع جرايد للي بيعدي
فيعدي صاحبه في هندسة يقوله
جيبت المحاضرة معايا دلوقتي

بالليل نذاكر عندي وتعدّي
وهننجح احنا الكل ونعدّي
ربك كريم والله ما بينساش

كل الجروح سهل يداويها الشاش

لكن جروح القلب ما بتهداش
ولا تلقى ليها في يوم طبيب وعلاج
كل القلوب فيها اللي كفاها
فسيبوها بس وحيدة دون إزعاج

أيام طفولتنا

على بالي قعادنا وحكاوينا
وليالي الفرحة تدفينا
على بالي نرجّع أيامنا
علشان الذكرى بتحيينا

في سنين طفولتنا حاجات دايمًا
تبعدنا بعيد وتودينا
ونحس سعادة تخلينا
ننسى الأحزان جوا قلوبنا

أيامها الفرحة كانت صافية
وتبان الفرحة في أسلوبنا
وليالي العيد بتكون دافية
وبنقدر فيها نكون عايشين

في ليالي زمان كنا بنفرح
ولا عمر تلاقي القلب حزين
يدعولنا تملي اننا نكبر

فتلاقي القلب يرد آمين

نفرح فنطيّر طيارة
ونطير وياها بسعادتنا
نزعل ونقول ألف خسارة
لو تبعد عنا الطيارة

وتسافر فجأه وتبقى بعيد
من غير ما نودع رُكابها
في لعبة يا واد جوا البوزو
اختار الصح هتكسبها

وإن حد بيسأل ع الساعة
نفرد صوابعنا ونحسبها
وإن يوم بس المطرة تمطر
نطلع في الشارع ونغني

وإن وقعت ليا فيوم سِنة
يقولولي الأحسن تتمني
أيام والله ما تتعوض

ولا حتى نعيش يوم زييها

أيام اتحفرت في قلوبنا
ولا عمر نشوف يوم بعديها

الحب جميل

الماضي تملي ف حكاياتنا
قادر والله يدمعنا
في ناس لو دخلت في حياتنا
تأذينا أكيد وهتخدعنا

وإن يوم شوفنا الذكرى قصادنا
تلقائي قلوبنا بتوجعنا
في ناس بتشوف جرح قلوبنا
فتحاول دايمًا تسمعنا

ونفضفض ليهم بدموعنا
ونداري حاجات من جوانا
عن ناس حابينهم فارقونا
لكن من فترة كانوا معانا

الماضي تملي يفكرنا
بحاجات اتدفنت في بكانا
وجروحنا بترفض تنسانا

وليالي تدمر فينا كتير

لو يوم سألونا ازاي الحال
فأكيد هنرد إن احنا بخير
ونحاول نخفي اللي ساكنّا
في شخص نحب وجودنا معاه

وساعات بيكون حبه ساجنّا
الماضي ساعات بيطمنا
وكمان أحيانًا يألمنا
فبنسهر نبكي لنص الليل

ونحس بوحدة لوحدينا
وقلوبنا بتضعف لما تميل
في حاجات في الحب تدفينا
فنقول والله الحب جميل

الحب الصادق في حياتنا
يوهبنا سعادة وعمر طويل
لو في بني آدم بيحبك

اتمسك فيه واوعى تسيبه

لو سابك مرة فأي خلاف
فالحب أكيد يوم هيجيبه

الصاحب ساحب

الصاحب عمره ما كان ساحب
عمرك والفرح اللي ف وشك
لو مرة يكون قلبك شاحب
فهتلقى أكيد حد يغشك

في شخص أكيد على طول سايب
سم الأصحاب جوا ف مشك
ما يصونش لا عيشك ولا ملحك
دبور بيزن قصاد عِشك

ولا يقبل حتى يشوف فرحك
يزعل لو شافك   يوم مبسوط
ويكون شمتان بس فجرحك
الصاحب عامل زي خيوط

لو دابت بتزود دمعك
في صاحب عامل زي تابوت
لو قرب بيسيح شمعك

وصحابك دايمًا ناسيينك

لو كل الناس حبوك جدا
هتلاقي صحابك كار هينك
بيداروا حقيقة مشاعرهم
وف وشك دايمًا حابينك

لو يوم تحتاج بس مساعدة
هتلاقي صحابك سايبينك
بتعافر في الدنيا لوحدك
وإن يوم سألوك: حد باقيلك؟

هتبص تشوف نفسك وحدك
هتلاقي الصاحب لو صالح
بيشيل الشوك لو من وردك
ويداري عيوبك في عيونه

لو عندك صاحب بيحبك
حاول على طول تفضل لونه
حاول تبقاله وما تسيبهوش

في زمانا تلاقي في ناس صادقة

وفي ناس من ضهرك تبقى وحوش

اتمسك في اللي يكون سندك

لو مرة تميل وسط جراحك

فهيفضل من ضهرك ساندك

لو كل العالم هيعاندك

هتلاقي إيديه ماسكة ف إيدك

الصاحب دايمًا كان ساحب

قلبك وساكنلك في وريدك

"أراجوز"

وحيد بالرغم من إني
معاكوا في لمة البرواز
سندت عليكوا سبتوني
رميت الحمل ع العكاز

كأن القلب حيطة ازاز
وقابل حدفكم بالطوب
بشوف الفرح ليا مجاز
وأشوف الحزن منكوا ذنوب

يا رب القلب لو عاصي
أكيد هيجيله يوم ويتوب
وعارف إن كلي عيوب
ساعات بضحك وأكون أراجوز

ساعات تشوفوني قالب بوز
ساعات مكسور وببكي عشان
ما شوفتش في النهاية الفوز

كسرتوا القلب فيا زمان

وشوفتوا الحزن ليا يجوز
أنا الجاني..
عالجت قلوبكوا م الوحدة
وسبت القلب بيعاني

أنا الجاني اللي ساب قلبه
برغم اللمة واحداني
أنا الضايع في أحزاني
أنا اللي في كل ضحكة بموت

وبخفي وراها كَم دموع
ببان في عيونكم إني تمام
وقلبي من الزعل موجوع
بلاش تسألني عن حالي

عشان دايما هرد تمام
وصدق كلامي مش مسموع

كله تمام

مكسور وعايش والحقيقة بموت
مش لاقي حضن يلم أوجاعي
جوايا دايمًا الف صرخة بصوت
وكلام ما شوفتش إنه له داعي

كل اما أنطق كلمة تبقى سكوت
والعقل يبقى ساعتها مش واعي
ساكت تملي ومش بلاقي كلام
لو حد مرة سألني أخبارك

فتملي ردي بيبقى كله تمام
الدنيا شكت قلبي 100 شكة
وباعتني جوا إشارة بالفكة
بفرح تملى وفرحي كان سَكة

لو شوفت ناس حبيتها من قلبي
بيسيبوا روحي وإيدي في السِكة
لو حد يسأل مرة كان مالك؟

فبحس دمعة عيني على تكة

واحداني لكن بسند الباقيين
يصعب عليا يكونوا في مكاني
كل اللي كانوا معايا مش باقيين
وسابوني وسط جراحي وحداني

الحزن جاني وخدني بالأحضان
سلم عليا ساعتها بكاني
لو كنت عارف إني هبقى وحيد
كان صعب أخلي القلب يوم جاني

كل اما أعالج نفسي م الوحدة
ألاقيني برجع وحدي من تاني
أنا كنت ألاقي الشوك في أحضانهم
وزرعت حب وورد ف أحضاني

لو حقي إني أتمنى أمنية
أتمنى بس الحزن ينساني

محلى الحياة

محلى الحياة لو يبقى عندك أهل

تسند عليهم كل وقت وحين

وأسوأ حياة لو يوم تشوف أهلك

وقت الخلاف بيقسموك اتنين

محلى الحياة لو نبقى فيها اتنين

لكن تملي نكون بروح واحدة

محلى الصحاب وقت الصعاب لما

بيكونوا رغم الضعف إيد واحدة

محلى الليالي الحلوة ويانا

محلانا لما بنبقى يوم لمة

مُر الحياة هو اللي قوانا

والفرح صعب بأنه يستنى

وحشه الحياة لو نبقى حابينها

ونلاقي لحظة حياتنا كات سامة

مين اللي قال حِب الحياة على طول

وتلاقي نارك تتقلب جنة

كدب الكلام لو يبقى كله كلام
أول ما نسمع سيرته نتمنى..
لو يبقى لحظة حقيقة مش أوهام
فعلا حياتنا هتتقلب جنة

الدنيا فخ الكل هيعيشه
والقطر عمره ف مرة ما استنى
اظلم براحتك واوعى يوم تنسى
كاس الحياة داير وهيجيلنا

على غفلة

العالم بقى مرعب جدا

ومحدش فاضل على حاله

هتلاقي الأخ اللي بيقتل

أخته وورثها يتبقاله

والأب اللي تملي يفكر

ازاي هيدمر في عيال

الساذج بس اللي يشوفها

مش فانية ودايما باقياله

هتلاقي الشاب اللي اتغرّب

عن أهله ودايما مش باقي

وتلاقي كمان شاب يدوّر

على شغل تملي ومش لاقي

المشهد فعلا متصوّر

وبقينا بنشفق على حالنا

كلنا جوانا هموم وكسور

كلنا أموات ورا بعض طابور

ومسيره في يوم الكاس هيدور

وياخدنا الموت لو على غفلة

هتلاقي اللي يموت بيصلي
وفي ناس هتموت جوا الحفلة
بتموت الأم اللي تضحي
بحياتها عشان ترضي عيالها
بتطبطب، تسند وتصحّي
ومحدش مهتم بحالها
بتعيش علشانهم وتعاني
فتموت بهموم جوا الشارع
كلنا بندور على فرصة
نجرح ونشوف مين البارع
كل اللي بيحصد خير دايما
بيكون للخير دايما زارع
كل اللي هيحصد شر كتير
يفتكر الزرعة اللي زرعها
نص اللي اشتري هم الدنيا
هيفكر تاني وهيبيعها
كلنا جنازات هنروح بميعاد
كلنا جنازات جاي أجلها
مين اللي اتطمن إنه خلاص
لو مات الجنة هيدخلها

موتك حان

جوايا صوت على طول بيندهلك
ويقول بإن القلب مشتاقلك
جوايا حاجة تاخدني للذكرى
علشان فراقك ليا من فترة

خلاني أفقد جزء من قلبي
أنا غصب عني بعدت عن نفسي
وأنا غصب عني كمان بقيت سلبي

مش قادر أنسى إن انتي سبتيني
والموت يفرق بينّا دلوقتي
كنتيلي أقرب ليا من نفسي
لو يوم بتصعب حالتي على نفسي
كنت أجري دايمًا وأجي على بيتك
لو قلبي حس بإن موتك حان
كنتي تلاقيني ساعتها ضميتك
شايف وجودك ليه ف كل مكان؟

سامع في صوتك لما قولتيلي
أربع نصايح كانوا ليا زمان
اسمعني يا ابني أنا كنت يوم زيك
عايشة الحياة والوقت مش ملكي

لكن حياتي اتغيرت فعلًا
لحظة ما شوفت النعمة كات ملكي
ربك رزقني ببيت وست عيال
والحال تملي بيبقى نفس الحال

عايشين بنحمد ربي في سجودنا
سرًا ساعات والله وبصوتنا
لكن ساعات بنلاقي في ابتلاءات
ونلاقي نقص تملي من "قوتنا"

اسمع نصايح جدّتك يا ابني
في حاجة لازم تنتهي بموتنا
اوعاك تفوت يوم صلاة لله
أو يقسى قلبك أو تكون ظالم

واوعى أما تشكي يكون لغير الله
علشان تعيش والقلب فيك سالم
واوعاك تكون العاق لأبوك وأمك
علشان مسيرك تبقى زييهم

وامسك في إيد الكل واسندهم
علشان أشوفك حلو وسطيهم

الغربة

الحب وقت الانكسار كارثة
كل المراكب كان لها مَرسى
وأنا كنت تايه والطريق بيضل
البعد وقت الانكسار فرصة

والكل سابني لما كان بيمل
لفيت كتير مش لاقي ناس صادقين
حضن البشر من شوك
وأنا حضني كان من طين

الحزن فارق ناس
وأنا عشت وحدي حزين
عايش تملي سليم
والقلب كله جروح

ملهاش طبيب ولا حتى ليها علاج
مستني فرحة تهل يوم في الروح
والناس تفارق بس دون إزعاج

بزرع قلوبكم ورد

وبتزرعولي القسى
وإن يوم سكني الحزن
هتلاقي فرحي اتنسى
وتلاقي ذكرى جميلة فاكرينها

وليالي حلوة تملي عايشينها
بس النهاية تملي تبقى البعد
باصص لصاحبي وهو بيفارق
وكأن عُمر بحاله مش فارق

والغُربة كانت سهم بيصيبنا
وفي ناس كتير حابينها والله
وتملي بييجي الوقت وتسيبنا
وأبويا كتفي وسندي في الدنيا

قالهالي مرة في قعدة فيها هزار
اسمعني يا ابني الدنيا دي فانية
ف اوعاك تسيب الجنة لجل النار

وأمي اللي فضلت عمر بتضحي

علشان تخلي حضنها يدوملي
شالت سنين من عمرها علشان
توهبني عمر زيادة فوق عمري
وأخويا كان عكازي لما بميل

بسند عليه وتملي بيشيلني
ويلاقي كتفي في كتفه لما يميل
هتلاقي ناس في الشده ضهر وسند
وفي ناس تملي تغيب بدون راجعة

ونلاقي ناس ويانا طول الأمد
والضحكة بعد الانتظار راجعة

ناب وجع

دى مش حياة

دى حية جاية بناب وجع

بتسم خلق الله

مين اللي قال إن الحياة دايما حياة

الموت ساعات بيخمنا ونحسه لابس طوق نجاة

وصابك جزء لامبالاة

شكيت لله بكل ما فيك

بإنك صرت فجأو وحيد

فضلت عنيد وبتحارب عشان الناس

وعندك كِم م الاحساس

يكفى بلاد

كفاية عناد

كفاية الحب بزيادة

أخدت الطعنة بالسكين

يقولوا الناس عليك مسكين

وحيد مكسور ووشه حزين
سواد الليل محاوط العين
تملى تبص للماضي
محدش للفرح فاضي

ودي مش حياة
دي بواقي حزن على الورق
وبواقي جرح ليالي والمعاناة

المحتويات